Bei der Feuerwehr wird der Kaffee kalt

Erzählt von Hannes Hüttner
Illustriert von Gerhard Lahr

BELTZ
Der KinderbuchVerlag

Es ist Kaffeepause bei der Feuerwehr.
„Wachtmeister Meier!“, sagt Löschmeister Wasserhose.
„Hier!“, ruft der kleine Wachtmeister Meier.
„Ist der Kaffee warm?“
„Jawohl“, sagt der kleine Meier.
„Dann wollen wir uns setzen, Jungs!“, sagt Löschmeister Wasserhose und alle Feuerwehrleute setzen sich um den großen Holztisch.
„Hat jeder einen Becher?“, fragt Löschmeister Wasserhose. „Alle mal hoch halten! Eins, zwei, drei, vier, fünf, sechs, sieben! In Ordnung! Wachtmeister Meier, schenken Sie bitte ein!“
Und während der kleine Wachtmeister Meier einschenkt, freuen sich alle auf die Kaffeepause. Die Feuerwehr hat sie verdient. Die Feuerwehrleute haben heute Wasser aus einem Keller gepumpt, in einem Kuhstall das Feuer gelöscht und eben haben sie einem gestürzten Pferd auf die Beine geholfen.

„Na, Jungs, hat jeder seine Stulle?", fragt Löschmeister Wasserhose. „Dann haltet sie alle mal hoch! Eins, zwei, drei, vier, fünf, sechs ... Meier, wo ist Ihre Stulle?"
„Ich habe sie aufgegessen!", sagt der kleine Wachtmeister Meier, der immer großen Hunger hat.
„Hm, hm", sagt der Löschmeister. „Und was nun? Na, nehmen Sie eine von mir. Meine Frau hat mir zwei eingepackt! Also, dann: Guten Appetit!"
„Guten Appe...", erwidern die Feuerwehrleute – plötzlich aber schrillt das Telefon: „Brimmbrimmbrrimm!"
Löschmeister Wasserhose nimmt den Hörer ab.
„Hier ist die Feuerwehr", sagt er. „Was, wo? Bei Oma Eierschecke in der Kaffeestraße? In Ordnung! Alarm, Jungs!" Und er springt auf und rennt zur Rutschstange. „Sst" – ist er unten.
Die anderen Feuerwehrmänner rutschen hinterher. „Sssst, ssst, sst!"

Unten steht das Löschauto. Schnell greift jeder seinen Helm, seine Gasmaske, sein Koppel und setzt sich auf seinen Platz.
Ab saust die Feuerwehr. Löschmeister Wasserhose steuert.
Sie fahren so schnell, dass es aussieht, als ob die Häuser schief stünden.
Das Martinshorn ruft: „Tatü, tata! – Die Feuerwehr ist da!“

Schon sind sie in der Kaffeestraße. Im Haus Nr. 13 qualmt es aus einem Fenster im dritten Stock. Vorm Haus stehen aufgeregte Leute. Jeder Feuerwehrmann weiß, was er zu tun hat. Zwei laufen mit dem Füllschlauch zum nächsten Hydranten. Die Feuerwehrspritze pumpt das Wasser in den Löschschlauch.

An der Pumpe steht der Löschmeister. Der kleine Meier und ein zweiter Feuerwehrmann rennen mit dem Schlauch die Treppen hoch.
„Schschscht“ – spritzen sie das Wasser durch die Tür in die Wohnung.
Dick und schwarz wird der Qualm. Das Feuer wehrt sich.
Aber sie ersäufen es.

Schließlich ist das Feuer gelöscht. Der kleine Wachtmeister Meier hat eine rußige Nase bekommen. Er wischt sich den Schweiß von der Stirn.
„Wo ist denn Oma Eierschecke?“, fragt der Löschmeister.
Oma Eierschecke steht ganz verstört auf der Treppe.
„Ich weiß nicht, wie das passiert ist“, sagt sie. „Ich bin in den Keller gegangen, und als ich wiederkam, brannte die ganze Stube!“
„Hm, Oma Eierschecke“, sagt der Löschmeister, „vielleicht hast du die Ofentür offen gelassen ...“
„Aber nein“, beteuert Oma Eierschecke.
„Das sehen wir uns an“, sagt Löschmeister Wasserhose und steigt

mit ihr in den dritten Stock. Es stinkt scheußlich nach Rauch. Und da sieht man es: Oma Eierschecke hatte doch die Ofentür offen gelassen und es war ein bisschen Glut herausgefallen. Vor der Ofentür aber war kein Ofenblech, und so hat erst der Teppich gebrannt, dann die Dielen und das Sofa und dann die Gardinen und dann ...

„Meine schöne gute Stube“, jammert die Großmutter. „Oh, oh, oh.“ Aber dann sagt sie: „Wie gut, dass ihr noch gekommen seid. Sonst wäre vielleicht das ganze Haus abgebrannt! Weißt du, in der Küche habe ich noch ein bisschen Kuchen. Ich pack ihn euch ein. Mir ist der Appetit vergangen!“

„Danke schön", sagt Wasserhose, „aber behalte deinen Kuchen nur – wir helfen gerne! Jungs, alles fertig? Aufsitzen!" Und ab rollt die Feuerwehr, zurück in die Wache.
„Und jetzt", sagt Löschmeister Wasserhose, „jetzt machen wir aber Kaffeepause!"
Und der kleine Meier, der sich gerade seine rußige Nase gewaschen hat, nimmt die Kaffeekanne vom Ofen und alle setzen sich an den langen Holztisch.
„So, Jungs", sagt Wasserhose, „hat jeder einen Becher? Alle mal hoch halten! Eins, zwei, drei, vier, fünf, sechs, sieben! In Ordnung!
Hat jeder seine Stulle mit? Alle mal hoch halten! Eins, zwei, drei, vier, fünf, sechs ... Halt! Meier! Was haben Sie da in der Hand?"
„Das, das, das ist Quarkkuchen!", sagt Meier.

„Wo haben Sie den Kuchen her?"
„Den, den, den muss mir Oma Eierschecke in die Tasche gesteckt haben!"
„Und wo ist die Stulle, die ich Ihnen vorhin geschenkt habe?"
„Hab ich schon aufgegessen, Löschmeister Wasserhose!"
Wasserhose blickt kopfschüttelnd den verfressenen Meier an.
Wie kann einer denn immer hungrig sein?
„Na, guten Appetit, Jungs!", sagt er schließlich.
„Guten Appetit", sagen alle und wollen gerade abbeißen ...

Da bimmelt das Feuerwehrtelefon.
Löschmeister Wasserhose nimmt den Hörer ab.
„Wie, was?“, fragt er. „Ein kleiner Junge? Gut, wir kommen! Alarm!“
Da legen alle ihre Stullen auf den Tisch und rennen zur Rutschstange.
„Sssst, sst, sst“ sind sie unten.
Der Löschmeister gibt ordentlich Gas. Alle Autos halten an, um den roten Wagen vorbeizulassen.
Und die Leute fragen sich auf der Straße:
„Was wird denn nun wieder passiert sein?“

Ja – was war passiert? Der kleine Emil Zahnlücke war zum Schwanenteich gelaufen. Der Schwanenteich hatte eine Eishaut bekommen.
Und Emil Zahnlücke dachte: Ich werde auf dem Eis schlittern!
Wie werden die Kinder über meine Schlitterbahn staunen!
Am Ufer hielt das Eis auch. Emil Zahnlücke ging einen Schritt und dann noch einen und dann nahm er Anlauf und schlitterte über das Eis.

Aber mit einem Mal machte es „Ping!“ und quer durch die Eisdecke lief ein Riss. Emil Zahnlücke erschrak.
Er wollte sich umdrehen und zurücklaufen. Da machte es noch einmal „Pling“ und „Pleng“ und „Klirr“ und er lag im Wasser.
Jetzt hält sich Emil Zahnlücke am Rand des Eisloches fest und schreit. Die Arme sind ihm schon lahm. Manchmal bricht unter seinen Fingern ein Stückchen Eis ab, dann taucht Emil Zahnlücke mit dem Kopf unter und schluckt eisiges Wasser und fuchtelt mit den Armen und versucht, den Rand des Eisloches wieder zu fassen.
Was meint ihr, welche Angst der kleine Emil hat!

Am Ufer stehen Menschen und wollen helfen. Aber sie kommen nicht an Emil Zahnlücke heran, sie sind schwerer als er und brechen schon am Ufer durch die Eisdecke.
Alle atmen auf, als sie das „Tatü-tata“ der Feuerwehr hören.

Löschmeister Wasserhose prüft das Eis.
„Wachtmeister Meier!“, ruft er. „Sie sind der Leichteste von uns. Nehmen Sie sich zwei Steckleitern und arbeiten Sie sich an den Jungen heran!“

Wachtmeister Meier holt aus dem Auto zwei kurze Leitern. Er schiebt sie aufs Eis. Dann legt er sich vorsichtig auf eine Leiter, schiebt die andere vorwärts und kriecht dann darauf. Am Koppel hat er eine Leine mitgenommen. Bald ist er bei Emil Zahnlücke angelangt.

Gerade lässt der kleine Emil den Eisrand los. Aber Wachtmeister Meier erwischt ihn am Mantelkragen und zieht ihn auf die Leiter.
Das ist eine schwere Arbeit, denn Emil ist tropfenass. Schließlich hakt der kleine Meier die Leine vom Koppel und bindet sie an die Leitern.
Die Feuerwehrleute am Ufer ziehen. Wie ein Schlitten rutscht die Leiter über das Eis. So werden der kleine Meier und Emil ans Ufer geholt.

Emil klappert mit den Zähnen. Er wird in eine dicke Feuerwehrdecke gewickelt. Dann fahren sie mit „Tatü-tata“ ins Krankenhaus. Wer so lange in eiskaltem Wasser gelegen hat, dem muss der Arzt helfen.

„So, Jungs!“, sagt Löschmeister Wasserhose, als sie alle wieder in der warmen, gemütlichen Feuerwache sitzen. „Der Emil Zahnlücke ist versorgt – jetzt trinken wir aber endlich unseren Kaffee, Donnerunddorothee!“
„Jawohl!“, rufen die Feuerwehrleute und setzen sich an den langen Holztisch. Der kleine Meier holt die Kanne vom Ofen.

„Hat jeder einen Becher? Alle mal hoch halten!“, sagt der Löschmeister. „Eins, zwei, drei, vier, fünf, sechs, sieben – in Ordnung!
Und hat jeder eine Stulle? Eins, zwei drei, vier, fünf, sechs ... Meier, wieso haben Sie jetzt wieder eine Stulle? Vorhin hatten Sie doch ein Stück Quarkkuchen?“
„Den Quarkkuchen?“, sagt der kleine Meier. „Den Quarkkuchen? Den werde ich wohl aufgegessen haben. Und die Stulle, die hat meine Mutter hier abgegeben.“
„Und wie viel essen Sie jeden Tag?“, fragt Wasserhose.
„Nie mehr als zwölf!“, sagt der kleine Meier.
„Das ist mir im Leben noch nicht vorgekommen“, meint der Löschmeister und schüttelt den Kopf. „Na, guten Appetit!“
Und er beißt in seine Stulle und nimmt einen Schluck Kaffee dazu und da ... Da bimmelt das Telefon ...

„Mhmmhmm", meldet sich Löschmeister Wasserhose und schluckt schnell hinunter. „Hier ist die Feuerwehr" Wie bitte? Ein Baum? Wer schreit? Die Elefanten? Wir kommen sofort!"

Zu den Feuerwehrmännern sagt er: „Auf, Jungs! Wir nehmen den Kranwagen mit!"
Unten in der Halle steht neben dem Feuerlöschwagen ein Kranauto.
„Sssst, sst, sst" kommen die Feuerwehrmänner die Rutschstange herunter und steigen in den Spritzenwagen. Wachtmeister Meier aber fährt mit dem Kranwagen hinterdrein.

Dunkel und stürmisch ist es geworden. Sie fahren zum Tierpark. Dort stand direkt neben dem Futterhaus eine große Linde. Keiner hatte ihr angesehen, dass sie innen morsch war. Aber die Linde hatte sich schon fünf Jahre lang überlegt: Fall ich heute um? Oder fall ich morgen? Vor drei Stunden nun, als der Wind stärker wurde, da knackte und knirschte es in ihrem Holz.

Nun liegt die dicke Linde direkt vorm Eingang zum Futterhaus. Dort lagern das Heu für die Elefanten, die Kartoffeln für die Hängebauchschweine, die Regenwürmer für die Frösche und die Fleischstücke für die Tiger. Der Futterkoch steht mit seiner weißen Mütze vorm Futterhaus und kann nicht in die Futterküche. Die Tiere aber im Tierpark werden unruhig. Sie wollen ihr Abendbrot haben.

„Tetereteh" – trompeten die Elefanten.
„Uak, uak, uak" – quaken die Frösche.
„Nuk, nuk, nuk" – grunzen die Hängebauchschweine.
„Haaaaauuuuu" – brüllen die Tiger.
Die Arbeiter des Tierparks versuchen, die Linde fortzuräumen.
Aber sie kommen nur langsam voran.
Da hat der Direktor die Feuerwehr angerufen.
Der kleine Wachtmeister Meier fährt den Kranwagen heran.
Mühelos hebt er mit seinem Kran den starken Baum beiseite.
Der Futterkoch kann in seine Küche.
Aber er steht noch in der Tür und sagt: „Ach, du meine Güte!
Unser guter Jakob!"
Da sehen es alle: Dort, wo die Linde mit der Krone aufgeschlagen ist,
liegt ein zerdrückter Drahtkäfig. Darin hat Jakob gewohnt.
Aber wo ist Jakob? Im Käfig ist er nicht. Ist er davongeflogen?
„Jungs", sagt Löschmeister Wasserhose. „Hat einer von euch einen
Raben gesehen?"
„Ja!", ruft Wachmeister Meier. „Er sitzt bei mir im Fahrerhaus!"

„Bringen Sie ihn bitte her!“, sagt der Löschmeister.
Und tatsächlich – der kleine Wachtmeister Meier kommt mit dem Raben Jakob an!
„Wie ist das bloß zugegangen?“, fragt der Löschmeister.
„Ich habe eine Stulle gegessen“, sagt der kleine Meier. „Da kam dieser Rabe und sah mich hungrig an. Ich habe meine Stulle mit ihm geteilt.“
„Das ist doch nicht zu glauben!“, sagt der Löschmeister.
Der Tierparkdirektor bedankt sich bei der Feuerwehr.
„Gerne geschehen“, sagt der Löschmeister und ruft: „Aufsitzen, Jungs!“
Dann geht der Koch in die Futterküche, der Rabe Jakob bekommt einen neuen Käfig, die Feuerwehr fährt zurück in die Feuerwache, die Männer schnallen die Koppel ab, der kleine Meier nimmt die große, dicke Kaffeekanne vom Ofen, alle setzen sich an den langen Holztisch und nehmen die Schnitten in die Hand …
Und da …
Da ist unsere Geschichte zu Ende.
Denn sonst bimmelt wieder das Telefon!

MIX
Papier | Fördert gute Waldnutzung
FSC® C089473

Dieses Buch ist erhältlich als:
ISBN 978-3-407-77082-0 Hardcover
ISBN 978-3-407-77319-7 Pappbilderbuch

in der Verlagsgruppe Beltz · Weinheim Basel
Werderstraße 10, 69469 Weinheim

Neue Rechtschreibung
Einbandgestaltung: Gerhard Lahr
Druck und Bindung: Beltz Grafische Betriebe, Bad Langensalza
Beltz Grafische Betriebe ist ein Unternehmen mit finanziellem Klimabeitrag
(ID 15985-2104-100).
Printed in Germany
21 22 25 24

Weitere Informationen zu unseren Autor:innen und Titeln
finden Sie unter: www.beltz.de